CES

BONS PÈRES DE FAMILLE.

SATIRE

par

UN ETUDIANT EN DROIT.

Poitiers 1871.

Imp. Aut. & Lith. de J. Fayoux.

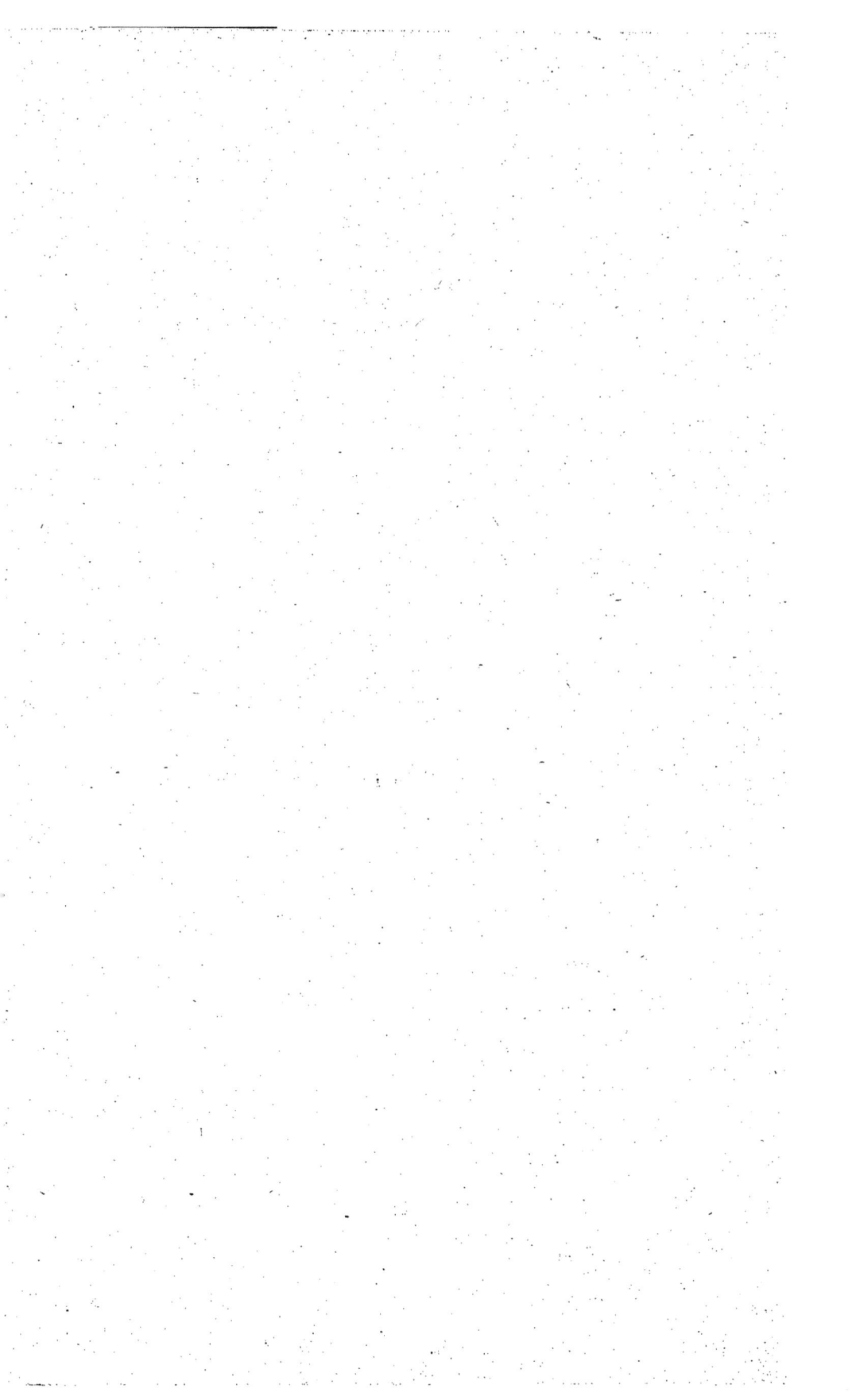

Ces

Bons Pères de Famille.

Satire

par

Un Etudiant en Droit.

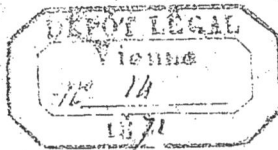

Poitiers 1871.

Imp. Aut. & Lith. de J. Fayoux.

A mon Ami
T.B.

CES BONS PÈRES DE FAMILLE.

Il est une Cité dont l'origine antique
Sait mêler le Roman à l'ogive gothique,
Où les pavés pointus et le gaz en manquant
Arrêtent les coursiers ainsi que les passants.
Qui ne connaît Poitiers, cette ville fameuse
Où l'illustre Martel de sa main valeureuse
Dans un sanglant combat, massacra par milliers
Les troupes d'Orient aux brillants boucliers.
Mais à quoi bon ici décrire cette ville
Lorsque je veux parler des pères de famille
A quoi bon rappeler un noble souvenir
Quand je veux raconter leurs faits, et les ternir.

Oui, lecteurs, dans Poitiers, j'apprends que certains hommes,

(1) Société fondée à Poitiers pour surveiller la jeunesse.

Tout à fait étrangers à ce siècle où nous sommes
Et dont le cœur rêvant la féodalité
Adore l'Aquitaine et nie la liberté:
Oui j'apprends que ces gens sans la moindre vergogne,
Se sont faits une loi, (dégoûtante besogne,)
D'épier la jeunesse et de nous suivre tous
En se montrant toujours de nos plaisirs jaloux.

Que leur a-t-elle fait cette noble jeunesse
Que l'avenir joyeux regarde avec tendresse;
Que leur a-t-elle fait, à tous ces vieux lourdauds
Qui prêchent nuit et jour, à tous ces vieux dévots
Qui vont à Notre Dame, et marmottent sans cesse
De fades oraisons en écoutant la messe?

Ah! moi je le sais bien; ils sont jaloux ces vieux,
De voir les jeunes gens se divertir sans eux!
Ils ne savent donc pas, que tous, selon notre âge,
Nous avons nos plaisirs, nos soucis, notre ouvrage?
Ils ne pensent donc pas, ces hommes que le temps
Fut le même pour eux, que pour nous, jeunes gens?
Et, lorsque mariés et pères de famille,
Assistants aux travaux d'un fils ou d'une fille,
Ils sentent auprès d'eux grandir leurs descendants,
Ils ne peuvent penser qu'ils n'ont plus leurs vingt ans.

Je comprends bien cela : La jeunesse est un âge
Dont très facilement on fait l'apprentissage ;
Un âge qu'on voudrait ne pas voir s'en aller,
Et qui malgré nos soins finit par s'envoler.
Jeunesse ! disent-ils ; O trop fragile idole,
Toi que nous encensons, ô déesse frivole !
Pourquoi devant nos vœux résister, et pourquoi
T'enfuir ! nous ne pouvons pourtant vivre sans toi !
Et les voilà jaloux. Ah ! sombre jalousie,
Tu verses dans les cœurs la noire calomnie ;
C'est à toi que l'on doit cette société,
Et ce fléau terrible, ici, tant détesté.

Un jésuite un jour amoureux d'une belle
Par ses conseils pressants séduisit la rebelle,
Et dévot amoureux, par mille traits piquants
Aiguillonnant l'amour malgré ses cinquante ans.
Le tout alla fort bien durant quelques semaines.
La coupe du plaisir ainsi que les neuvaines,
Il les vidait gaiement, mais un jour, ô terreur !
Il se sentit atteint d'un mal, mal plein d'horreur !
Courroucé le bon père expulsa la donzelle
Et forma le projet de punir la cruelle :
Et s'escrima si bien et des pieds et des mains
Qu'à force de travail il en fut à ses fins.

Le beau sexe pour lui fut un objet terrible
Un suppôt de Satan, un monstre informe, horrible,
Un démon incarné qui glissant dans les cœurs
Au maître des humains causait lui-même horreur.
Mais comment le chasser! Dans sa fureur étrange
Il voyait un démon où chacun voit un ange.
Mais comment réussir, et comment arriver
Au but qu'avec ardeur il avait su trouver.
Prenant pour un devoir une besogne infâme,
Il en fila longtemps la détestable trame,
Et voyant devant lui mugir le monde entier
Pour théâtre il choisit la ville de Poitier.

La, d'hommes sans pudeur, de paillards pleins de zèle
Une société se forma sous son aile:
Parmi les fonctions de ces nobles papas,
La principale était de suivre pas à pas
Messieurs les jeunes gens, de connaître leurs gestes,
Leurs amis, leurs plaisirs, et leurs jeux et le reste.
Ils devaient même encore, enseigner aux parents
Ce que pouvaient penser et dire leurs enfants
Ils savaient tout du moins ils le pensaient: sans doute
Plus d'un dans ses écrits s'écarta de la route.

Un de ces bons coquins, écrivit l'an dernier

A je ne sais plus qui, presque un volume entier
Lui faisant le portrait exact et sans rature
De tout ce que son fils, aimable créature,
Avait fait dans l'année : il lui racontait tout
Dans une longue lettre et se trompait beaucoup.
En effet, son discours plein de phrases banales,
De lieux communs bien vieux, de comparaisons sales
Dignes d'un vieux gredin, disait que cet enfant
Ne perdait pas son temps sérieux étudiant.
Hélas ! il se trompait grandement le bonhomme
En s'exprimant ainsi au sujet du jeune homme.
Mais passons : J'ai oui dire, encor que ces paillards,
A la mine rougeaude, aux dictons nasillards,
Au front chauve avant l'âge, avaient brouillé naguère,
En se trompant de nom, un fils avec son père.
Ce sont là leurs exploits ; c'est un noble devoir
D'espionner ainsi, pour vouloir tout savoir ;
Et pour se reconnaître, ils ont encore un signe !!
Marque de brévété : C'est un brevet bien digne !
Sur un grand cachet bleu, cachet de forme rond,
De la Société se trouve écrit le nom.

SOCIÉTÉ
des bons pères de famille.

———————

Eh! ne trouvez-vous pas, qu'une telle canaille,
Mérite qu'en plein jour, en public, on la fouaille?
Ne trouvez vous donc pas que celui de ces gens
Qui se fait un plaisir de tromper les parents
Qui sans être certain de tout ce qu'il avance
Leur ment effrontément dans sa sotte abondance;
Qui brouille une famille, et sans aucun remord,
Dans la société jette le désaccord.
Ne trouver vous donc pas, que l'humaine justice
Doive punir enfin un semblable artifice?
Et faut-il plus longtemps laisser vivre en repos
Ces monstres débauchés, ces coureurs de tripots!

Non! nous ne sommes plus au temps où la noblesse
Dictait aux paysans ses lois, où la richesse
Décorant un blason, plus ou moins corrompu
Avait droit de justice; où le manant pendu
Pour avoir dérobé quelques fruits à son maître,
Égayait le seigneur rêvant à sa fenêtre.
Non, les temps sont changés, la sainte Liberté
Fait les hommes égaux par la fraternité.

Aussi, nous jeunes gens, contre qui se rassemble
Cette société, ces pères, tous ensemble;
Nous allons, nous aussi former une union

Plus utile, mais sans brevet d'invention.

Oui, messieurs les dévots, bons pères de famille
Nous nous réunissons, nous, les coureurs de fille,
Comme vous nous nommez, nous unissons nos bras
Et nous entrons joyeux dans le champ des combats.
Ah! ah! vous écrivez des lettres à nos pères,
Vous mentez chaque jour, sans remords, à nos mères.
Continuez, Messieurs, vos charmantes façons
Car nous avons besoin de vos bonnes leçons.
Mais redoutez aussi notre plume encor frêle!
Car vos honteux écarts vous ferez parler d'elle.

Tremblez, Messieurs, tremblez, vous hommes mariés,
Vous qu'un lien éternel à l'autel a liés
Tremblez car nous allons dévoiler à la terre,
Ainsi qu'à votre épouse, un commerce adultère.
Oui nous le lui dirons, nous ne cacherons rien,
Vous agissez ainsi pour nous. Pour votre bien,
Nous nous réunissons, fermez bien votre porte!
Car nous vous traiterons, messieurs, de même sorte
Que vous vous nous traitez : Je ne sais pas, ma foi,
Lequel de nous fera le plus parler de soi.
Soyez donc avertis, faut que je termine ;
Messieurs, je vous remets à la Grâce divine.

Poitiers, Juin 1871.